Vorwort

Kennen Sie jemanden, der keine Waffeln mag? Ich nicht!
Waffeln gehen immer.
Im neuen Thermomix TM5 sind sie blitzschnell angerührt. Alle Rezepte sind aber auch für die übrigen Thermomix Geräte geeignet.
Kinderleicht und gelingsicher.

Ich wünsche Ihnen viel Spaß beim Nachzaubern.

Inhaltsangabe

Vorwort

Grundzutaten

Pfirsichwaffeln mit Granatapfelquark

Butterwaffeln mit Johannisbeersauce

Belgische Waffeln Mit Blaubeereis

Zimtwaffeln

Kräuterwaffeln

Eierlikörwaffeln

Erdbeerwaffeln

Mokka Waffeln

Kartoffelwaffeln mit Erdbeersauce

Orangen Schokoladen Waffeln

Orangen Vanille Waffeln

Schmand Waffeln

Blaubeer Waffeln

Schokolade Erdbeere Waffeln

Herzwaffeln mit Früchten und Kuvertüre

Honig Apfel Waffeln

Bananen Walnuss Waffeln

Rum Zimt Waffeln
Mit Walnussbutter

Himbeer Creme Waffeln Schnitten

Bananen Schokoladen Waffeln

Quarkwaffeln

Waffeln mit Schokoglasur

Haselnuss Waffeln mit Schokoladeneis

Erdbeere Vanille Waffeln

Kondensmilch Träume

Buttermilch Honig
Waffeln

Nuss Waffeln mit
Knoblauchcreme

Nachtrag zum Impressum / Copyright

Grundzutaten

Die meisten Zutaten hat man immer im Haus.

Mehl

Eier

Butter

Zucker

Milch

Und natürlich ein Waffeleisen nach Wahl

Sowie ein Thermomix Gerät

Pfirsichwaffeln mit Granatapfelquark

Zutaten:
Waffeln
500 g Milch
180 g Zucker
450 g Mehl
200 g Butter
1 Pck. Vanille Zucker
6 Eier
100 g Pfirsichmarmelade

Zubereitung
Alle Zutaten im Mixtopf einwiegen und auf Stufe 5 / 1 Minute vermischen. Das Waffeleisen vorheizen und den Teig darin löffelweise abbacken.

Zutaten:
Granatapfelquark
Kerne von 2 Granatäpfeln
1 Kg Quark, mager
Saft einer Zitrone
200 g Zucker
1 Pck. Vanille Zucker

Zubereitung
Alle Zutaten, außer die Granatapfelkerne in den Mixtopf geben. Auf Stufe 10 / 30 Sekunden mischen. Die Granatapfelkerne hinzugeben und 3 Sekunden / Stufe 2.

Auf den Waffeln hübsch anrichten und genießen.

Butterwaffeln mit Johannisbeersauce

Zutaten:
Waffeln
500 g Milch
180 g Zucker
500 g Mehl
200 g Butter
1 Pck. Vanille Zucker
6 Eier

Zubereitung
Alle Zutaten im Mixtopf einwiegen und auf Stufe 5 / 1 Minute vermischen. Das Waffeleisen vorheizen und den Teig darin löffelweise abbacken.

Zutaten:
Johannisbeersauce
200 g Johannisbeeren
300 g Wasser
180 g Zucker
25 g Speisestärke

Zubereitung
Alle Zutaten in den Mixtopf geben. Auf Stufe 5 / 30 Sekunden mischen. Auf Varomastufe / Stufe 1 / 9 Minuten kochen.

Auf den Waffeln hübsch anrichten und genießen.

Belgische Waffeln mit Blaubeereis

Zutaten:
Waffeln
300 g Milch
200 g Sahne
250 g Zucker
500 g Mehl
200 g Butter
1 Pck. Vanille Zucker
6 Eier

Zubereitung
Alle Zutaten im Mixtopf einwiegen und auf Stufe 5 / 1 Minute vermischen. Das Waffeleisen vorheizen und den Teig darin löffelweise abbacken.

Zutaten:
Blaubeereis
300 g gefrorene Blaubeeren
200 g Sahne
100 g Buttermilch
100 g Zucker

Zubereitung
Alle Zutaten in den Mixtopf einwiegen. Auf Stufe 10 / 30 Sekunden zerkleinern.

Auf den Waffeln hübsch anrichten und genießen.

Zimtwaffeln

Zutaten:
Waffeln
500 g Buttermilch
180 g Zucker
500 g Mehl
150 g Butter
½ TL Zimt
1 Pck. Vanille Zucker
6 Eier

Puderzucker zum Bestreuen

Zubereitung
Alle Zutaten im Mixtopf einwiegen und auf Stufe 5 / 1 Minute vermischen. Das Waffeleisen vorheizen und den Teig darin löffelweise abbacken.

Mit Puderzucker bestreuen.

Kräuterwaffeln

Zutaten:
Waffeln
300 g Milch
200 g Frischkäse
50 g Zucker
1 TL Salz
½ Bund Schnittlauch
½ Bund Petersilie
500 g Mehl
200 g Butter
1 zerdrückte Knoblauchzehe
6 Eier

Zubereitung
Alle Zutaten im Mixtopf einwiegen und auf Stufe 5 / 1 Minute vermischen. Das Waffeleisen vorheizen und den Teig darin löffelweise abbacken.

Guten Appetit!

Eierlikörwaffeln

Zutaten:
Waffeln
300 g Milch
200 g Eierlikör
250 g Zucker
500 g Mehl
200 g Butter
1 Pck. Vanille Zucker
6 Eier

Zubereitung
Alle Zutaten im Mixtopf einwiegen und auf Stufe 5 / 1 Minute vermischen. Das Waffeleisen vorheizen und den Teig darin löffelweise abbacken.

Guten Appetit!

Erdbeerwaffeln

Zutaten:
Waffeln
300 g Milch
100 g Sahne
100 g Erdbeermarmelade
170 g Zucker
500 g Mehl
170 g Butter
1 Pck. Vanille Zucker
6 Eier

Zubereitung
Alle Zutaten im Mixtopf einwiegen und auf Stufe 5 / 1 Minute vermischen. Das Waffeleisen vorheizen und den Teig darin löffelweise abbacken.

Mokka Waffeln

Zutaten:
Waffeln
300 g Sahne
200 g Mokka, gebrüht
und abgekühlt
250 g Zucker
500 g Mehl
200 g Butter
1 Pck. Vanille Zucker
6 Eier

Zubereitung
Alle Zutaten im Mixtopf einwiegen und auf Stufe 5 / 1 Minute vermischen. Das Waffeleisen vorheizen und den Teig darin löffelweise abbacken.

Anrichten und genießen.

Kartoffelwaffeln mit Erdbeersauce

Zutaten:
Waffeln
500 g Milch
180 g Zucker
200 g Mehl
300 g gekochte Kartoffeln, mehlig, abgekühlt
200 g Butter
1 Pck. Vanille Zucker
6 Eier

Zubereitung
Alle Zutaten im Mixtopf einwiegen und auf Stufe 5 / 1 Minute vermischen. Das Waffeleisen vorheizen und den Teig darin löffelweise abbacken.

Zutaten:
Erdbeersauce
300 g Erdbeeren
300 g Wasser
100 g Zucker
25 g Speisestärke

Zubereitung
Alle Zutaten in den Mixtopf einwiegen. Auf Stufe 10 / 30 Sekunden zerkleinern.

Auf den Waffeln hübsch anrichten und genießen.

Orangen Schokoladen Waffeln

Zutaten:
Waffeln
300 g Milch
200 g Sahne
60 g Kakaopulver
Saft von 2 Orangen
250 g Zucker
500 g Mehl
200 g Butter
1 Pck. Vanille Zucker
6 Eier

Zubereitung
Alle Zutaten im Mixtopf einwiegen und auf Stufe 5 / 1 Minute vermischen. Das Waffeleisen vorheizen und den Teig darin löffelweise abbacken.

Guten Appetit!

Orangen Vanille Waffeln

Zutaten:
Waffeln
200 g Milch
200 g Sahne
Saft von 3 Orangen
Abgeriebene Schale
einer Bio Orange
250 g Zucker
500 g Mehl
200 g Butter
2 Pck. Vanille Zucker
6 Eier

Zubereitung
Alle Zutaten im Mixtopf einwiegen und auf Stufe 5 / 1 Minute vermischen. Das Waffeleisen vorheizen und den Teig darin löffelweise abbacken.
Servieren und genießen.

Schmand Waffeln

Zutaten:
Waffeln
300 g Schmand
200 g Sahne
180 g Zucker
500 g Mehl
200 g Butter
2 Pck. Vanille Zucker
Saft einer Zitrone
6 Eier

Zubereitung
Alle Zutaten im Mixtopf einwiegen und auf Stufe 5 / 1 Minute vermischen. Das Waffeleisen vorheizen und den Teig darin löffelweise abbacken.

Waffeln hübsch anrichten und genießen.

Blaubeer Waffeln

Zutaten:
Waffeln
500 g Buttermilch
100 g Blaubeeren
250 g Zucker
500 g Mehl
200 g Butter
1 Pck. Vanille Zucker
6 Eier

Zubereitung
Alle Zutaten im Mixtopf einwiegen und auf Stufe 5 / 1 Minute vermischen. Das Waffeleisen vorheizen und den Teig darin löffelweise abbacken.
Die Waffeln mit Früchten oder Sahne garnieren.

Schokolade Erdbeere Waffeln

Zutaten:
Waffeln
500 g Milch
60 g Kakao
100 g Erdbeermarmelade
180 g Zucker
500 g Mehl
180 g Butter
1 Pck. Vanille Zucker
6 Eier

Zubereitung
Alle Zutaten im Mixtopf einwiegen und auf Stufe 5 / 1 Minute vermischen. Das Waffeleisen vorheizen und den Teig darin löffelweise abbacken.

Waffeln hübsch anrichten und genießen.

Herzwaffeln mit Früchten und Kuvertüre

Zutaten:
Waffeln
300 g Milch
200 g Sahne
250 g Zucker
500 g Mehl
200 g Butter
1 Pck. Vanille Zucker
6 Eier

Zubereitung
Alle Zutaten im Mixtopf einwiegen und auf Stufe 5 / 1 Minute vermischen. Das Waffeleisen vorheizen und den Teig darin löffelweise abbacken.

Zutaten:
Obst nach Wahl
1 Pck. Kuvertüre nach Anweisung
schmelzen

Zubereitung
Das Obst zerkleinern und auf den Waffeln anrichten. Kuvertüre nach Anweisung schmelzen und über die Waffeln drapieren.
Guten Appetit!

Honig Apfel Waffeln

Zutaten:
Waffeln
300 g Milch
100 g Sahne
100 g Apfelsaft
150 g Zucker
100 g Honig
500 g Mehl
200 g Butter
1 Pck. Vanille Zucker
6 Eier

Zubereitung
Alle Zutaten im Mixtopf einwiegen und auf Stufe 5 / 1 Minute vermischen. Das Waffeleisen vorheizen und den Teig darin löffelweise abbacken.

Zutaten:
Apfelmus
500 g Äpfel, entkernt, in Stücken
120 g Zucker
1 Prise Zimt

Zubereitung
Alle Zutaten in den Mixtopf einwiegen. Auf Stufe 10 / 30 Sekunden zerkleinern. Auf Varomastufe / Stufe 1/ 9 Minuten köcheln.

Auf den Waffeln hübsch anrichten und genießen.

Bananen Walnuss Waffeln

Zutaten:
Waffeln
500 g Milch
2 Bananen, in Stücken
100 g Walnüsse
180 g Zucker
500 g Mehl
200 g Butter
1 Pck. Vanille Zucker
6 Eier

Zubereitung
Alle Zutaten im Mixtopf einwiegen und auf Stufe 5 / 1 Minute vermischen. Das Waffeleisen vorheizen und den Teig darin löffelweise abbacken.

Rum Zimt Waffeln mit Walnussbutter

Zutaten:
Waffeln
300 g Sahne
200 g Rum
½ TL Zimt
200 g Zucker
500 g Mehl
200 g Butter
1 Pck. Vanille Zucker
6 Eier

Zubereitung
Alle Zutaten im Mixtopf einwiegen und auf Stufe 5 / 1 Minute vermischen. Das Waffeleisen vorheizen und den Teig darin löffelweise abbacken.

Zutaten:
Walnussbutter
250 g weiche Butter
100 g Walnüsse, gemahlen
50 g Honig
1 Prise Salz
100 g Zucker

Zubereitung
Alle Zutaten in den Mixtopf einwiegen. Auf Stufe 10 / 30 Sekunden zerkleinern.

Auf den Waffeln hübsch anrichten und genießen.

Himbeer Creme Waffeln Schnitten

Zutaten:
Waffeln
400 g Milch
100 g Sahne
250 g Zucker
500 g Mehl
200 g Butter
Saft einer Zitrone
1 Pck. Vanille Zucker
6 Eier

Zubereitung
Alle Zutaten im Mixtopf einwiegen und auf Stufe 5 / 1 Minute vermischen. Das Waffeleisen vorheizen und den Teig darin löffelweise abbacken. Abkühlen lassen.

Zutaten:
Füllung
400 g Frischkäse
100 g weiche Butter
100 g frische Himbeeren
150 g Puderzucker

Zubereitung
Alle Zutaten in den Mixtopf einwiegen. Auf Stufe 10 / 30 Sekunden zerkleinern.

Die Waffeln damit füllen und genießen.

Bananen Schokoladen Waffeln

Zutaten:
Waffeln
500 g Milch
60 g Kakaopulver
2 Bananen, in Stücken
250 g Zucker
500 g Mehl
200 g Butter
abgeriebene Schale
einer Bio Orange
6 Eier

Zubereitung
Alle Zutaten im Mixtopf einwiegen und auf Stufe 5 / 1 Minute vermischen. Das Waffeleisen vorheizen und den Teig darin löffelweise abbacken.

Quarkwaffeln

Zutaten:
Waffeln
300 g Milch
200 g Sahnequark
250 g Zucker
450 g Mehl
200 g Butter
1 Pck. Vanille Zucker
Saft einer Zitrone
6 Eier

Zubereitung
Alle Zutaten im Mixtopf einwiegen und auf Stufe 5 / 1 Minute vermischen. Das Waffeleisen vorheizen und den Teig darin löffelweise abbacken.

Waffeln hübsch anrichten und genießen.

Waffeln mit Schokoglasur

Zutaten:
Waffeln
300 g Milch
200 g Sahne
250 g Zucker
500 g Mehl
200 g Butter
1 Pck. Vanille Zucker
6 Eier

Zubereitung
Alle Zutaten im Mixtopf einwiegen und auf Stufe 5 / 1 Minute vermischen. Das Waffeleisen vorheizen und den Teig darin löffelweise abbacken.

Zutaten:
Schokoglasur nach Anweisung schmelzen

Zubereitung
Die Glasur schmelzen und die Waffeln damit überziehen. Abkühlen lassen.

Haselnuss Waffeln mit Schokoladeneis

Zutaten:
Waffeln
500 g Milch
100 g Haselnüsse, gemahlen
200 g Zucker
500 g Mehl
200 g Butter
1 Pck. Vanille Zucker
6 Eier

Zubereitung
Alle Zutaten im Mixtopf einwiegen und auf Stufe 5 / 1 Minute vermischen. Das Waffeleisen vorheizen und den Teig darin löffelweise abbacken.

Zutaten:
Schokoladeneis
400 g Milch in Eiswürfelgefäßen einfrieren
10 Eiswürfel
50 g Sahne
1 Eiweiß
60 g Kakao
150 g Puderzucker

Zubereitung
Alle Zutaten in den Mixtopf einwiegen. Auf Stufe 10 / 30 Sekunden zerkleinern.

Auf den Waffeln hübsch anrichten und genießen.

Erdbeere Vanille Waffeln

Zutaten:
Waffeln
300 g Milch
200 g Creme fraiche
100 g Erdbeermarmelade
250 g Zucker
500 g Mehl
200 g Butter
Mark einer Vanille Schote
6 Eier

Zubereitung
Alle Zutaten im Mixtopf einwiegen und auf Stufe 5 / 1 Minute vermischen. Das Waffeleisen vorheizen und den Teig darin löffelweise abbacken.

Guten Appetit

Kondensmilch Träume

Zutaten:
Waffeln
300 g Kondensmilch, 7 %
100 g Orangensaft
200 g Sahne
190 g Zucker
550 g Mehl
200 g Butter
1 Pck. Vanille Zucker
6 Eier

Zubereitung
Alle Zutaten im Mixtopf einwiegen und auf Stufe 5 / 1 Minute vermischen. Das Waffeleisen vorheizen und den Teig darin löffelweise abbacken.

Waffeln hübsch anrichten und genießen.

Buttermilch Honig Waffeln

Zutaten:
Waffeln
500 g Buttermilch
200 g Honig
100 g Zucker
Saft von 2 Zitronen
500 g Mehl
200 g Butter
1 Pck. Vanille Zucker
6 Eier

Zubereitung
Alle Zutaten im Mixtopf einwiegen und auf Stufe 5 / 1 Minute vermischen. Das Waffeleisen vorheizen und den Teig darin löffelweise abbacken.

Waffeln hübsch anrichten und genießen.

Nuss Waffeln mit Knoblauchcreme

Zutaten:
Waffeln
300 g Milch
200 g Sahne
80 g Zucker
1 TL Salz
100 g Honig
50 g Kürbiskerne
50 g Walnusskerne
50 g Mandeln
Saft einer Zitrone
500 g Mehl
200 g Butter
1 Pck. Vanille Zucker
6 Eier

Zubereitung
Alle Zutaten im Mixtopf einwiegen und auf Stufe 5 / 1 Minute vermischen. Das Waffeleisen vorheizen und den Teig darin löffelweise abbacken.

Zutaten:
Knoblauchcreme
300 g Frischkäse
2 zerdrückt Knoblauchzehen
½ TL Salz

Zubereitung
Alle Zutaten in den Mixtopf einwiegen. Auf Stufe 10 / 30 Sekunden zerkleinern.

Auf den Waffeln hübsch anrichten und genießen.

Nachtrag zum Impressum / Copyright

Shutterstock.com
- A. Lein
- Africa Studio
- Ahanov Michael
- Aliasemma
- Anna Pustynikova
- Brent Hofacker
- Ektarina Smirnova
- Everything
- Family Business
- Gil Chen
- Kati Molin
- Levent Konuk
- Kandrachevic
- MS Photografic
- Muh 23
- Photosiber
- Piyato
- Rishiken
- Stockcreations
- Tasty Life
- Tatiana Franke
- Vm 2002
- Wsf s
- amaono

Herstellung und Verlag:
BoD - Books on Demand, Norderstedt
ISBN 978-3-7347-7258-0